COMITÉ DE PROTECTION ET DE DÉFENSE

DES

INDIGÈNES

L'AFFAIRE DINAH SALIFOU

(GUINÉE FRANÇAISE)

Rapport de M. Alcide DELMONT

Prix : 0 fr. 50 centimes.

PARIS (Ve)

V. GIARD ET E. BRIÈRE, LIBRAIRES-ÉDITEURS

16, RUE SOUFFLOT ET 12, RUE TOULLIER

1910

COMITÉ DE PROTECTION ET DE DÉFENSE

DES

INDIGÈNES

L'AFFAIRE
DINAH SALIFOU

(GUINÉE FRANÇAISE)

Rapport de M. Alcide DELMONT

Prix : 0 fr. 50 centimes.

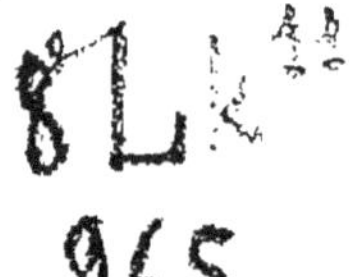

PARIS (Ve)

V. GIARD ET E. BRIÈRE, LIBRAIRES-ÉDITEURS

16, RUE SOUFFLOT ET 12, RUE TOULLIER

1910

L'AFFAIRE DINAH SALIFOU

(GUINÉE FRANÇAISE)

Rapport de M. Alcide DELMONT

Le Comité de protection et de défense des Indigènes après avoir entendu la lecture du rapport qui suit a décidé à l'unanimité d'appuyer les revendications de Dinah Salifou auprès du Gouvernement français.

(Séance du 18 Janvier 1910)

Ibrahim Dinah Salifou, aujourd'hui âgé de 31 ans, est le fils de Dinah Salifou, roi des Nalous et des Bagas. Ce dernier, qui avait été un ami de la France, fut dépossédé en 1890. Il fut conduit au Sénégal où il resta prisonnier de la France et où il mourut en novembre 1897. Je vais, Messieurs, vous exposer les conditions dans lesquelles s'est produite sa dépossession, les conséquences de cet acte réalisé par un représentant du Gouvernement de la République. Le Comité de protection et de défense des Indigènes jugera sans doute qu'il y a lieu d'appuyer auprès du Gouvernement français les légitimes réclamations formulées par Dinah Salifou.

I

Le pays des Nalous.

Les Nalous et les Bagas étaient placés en 1865 sous le pouvoir de leur roi Youra-Towel, qui gouvernait ainsi une partie du territoire des Rivières du Sud. Les autres territoires voisins étaient habités par les Mandingues, les Landoumans, les Soussous, les Peuls du

Fouta-Djalon. Toutes ces races différentes vivaient dans l'ensemble du pays désigné sous le nom de Rivières du Sud, qui est devenu depuis la Guinée française et qui est compris entre le Cap des Palmes et les Bouches du Niger. Ces territoires n'ont pas été acquis simultanément par la France. Ils ont été placés sous notre domination par le simple fait de traités d'amitié passés avec les différents rois des peuplades indigènes.

C'est vers 1865 que cette conquête pacifique du pays des Rivières du Sud commença à se réaliser par l'effort progressif de nos agents.

II

Le traité du 28 novembre 1865.

Un de ces premiers traités d'amitié fut signé le 28 novembre 1865 avec Youra-Towel. Il est essentiel d'en rappeler le texte entier.

Au nom de Sa Majesté, Napoléon III, Empereur des Français, entre M. E. Pinet-Laprade, Colonel du Génie, officier de la Légion d'honneur, Gouverneur du Sénégal et Dépendances,

D'une part,

Et Youra-Towel, roi des Nalous, en son nom et au nom de ses successeurs,

D'autre part,

Il a été conclu le traité suivant :

Art. 1er. — Le roi des Nalous, chef des pays qui s'étendent sur les rives du Rio-Nunez, depuis son embouchure jusqu'à Boké, déclare placer, lui, son pays et ses sujets, sous la suzeraineté et le protectorat de la France.

Art. 2. — Le Gouverneur du Sénégal reconnaît Youra-Towel comme seul chef des Nalous et fixe ses appointements à 5.000 francs.

Ces appointements lui seront payés en argent, par semestres, par les soins du Gouverneur du Sénégal.

Art. 3. — Le gouverneur promet à Youra son appui dans

les guerres qu'il aura à soutenir pour faire respecter le territoire des Nalous par les peuplades voisines. Youra de son côté s'engage à mettre toutes ses forces à la disposition du Gouverneur dans les guerres qu'il aura à soutenir dans l'intérêt du commerce français dans le Rio-Nunez.

Art. 4. — Le gouvernement français se réserve de faire sur le territoire les établissements qu'il jugera utile aux intérêts des parties contractantes, sauf à indemniser, s'il y a lieu, les particuliers dont les terrains seraient choisis pour servir d'emplacement à ces établissements.

Art. 5. — Les traitants ou autres qui viendront créer des établissements commerciaux dans le pays des Nalous ne pourront disposer des terrains qui leur seront nécessaires qu'après en avoir obtenu, par des arrangements avec les propriétaires indigènes, la jouissance ou la propriété.

Art. 6. — Tous les droits d'ancrage, de traite ou autres, consentis par des traités antérieurs au profit des chefs indigènes sont et demeurent abolis.

Fait à Victoria, le 28 novembre 1865.

Le Gouverneur,
Signé : E. Pinet-Laprade

Suivent les signatures du roi des Nalous et de son frère Carima-Towel.

Aux termes de cet acte, le chef des pays qui s'étendent sur les rives du Rio-Nunez, depuis son embouchure jusqu'à Boké, plaçait donc son pays et ses sujets sous la suzeraineté et le protectorat de la France. Il acceptait de défendre l'intérêt français et même de soutenir, s'il y avait lieu, les guerres nécessaires pour la sauvegarde de notre commerce national. Des appointements de cinq mille francs lui étaient assurés. Youra-Towel ne devenait point ainsi, seulement un allié de la France, mais un vassal soumis à des devoirs de fidélité, d'obéissance, et dont la conduite fut d'ailleurs dès ce moment effectivement contrôlée par un administrateur colonial ou un officier résidant à Boké, avec le titre de commandant du Cercle du Rio-Nunez.

Le Gouvernement français acquérait en même temps le droit de créer sur le territoire du Rio-Nunez les établissements qu'il pouvait juger utiles à ses intérêts comme à ceux des Nalous, sauf à indemniser les particuliers dont les terrains devaient servir d'emplacement à ces établissements.

Par contre, Youra-Towel, qui permettait ainsi à la France d'entrer pacifiquement dans le pays dont il était le roi, se faisait reconnaître comme seul chef des Nalous et stipulait pour lui personnellement, des avantages. Il est essentiel de noter qu'il n'abandonnait en rien les droits qu'il exerçait à l'égard de ses sujets et dont le principe résidait dans sa qualité de roi et de chef des Nalous. Sa situation extérieure était simplement modifiée, mais ses droits à l'intérieur demeuraient intacts. Il gardait ses biens, ses propriétés, ses revenus, sans qu'on puisse trouver dans aucune des clauses du traité qu'il signait, une renonciation, même minime, à aucun de ses droits et à aucune de ses pérogatives à l'intérieur.

Comme les autres propriétaires, aux termes de l'article 5, il conservait notamment l'entière liberté de traiter aux conditions qu'il jugeait bonnes avec tous ceux qui pourraient dans la suite venir créer dans le pays des Nalous des établissements commerciaux.

III

Conséquences de ce traité. Son application. Actes additionnels et traités postérieurs.

Il semble bien que le traité de 1865 ait été exécuté d'une façon loyale par Youra-Towel. L'histoire de la Guinée ne relate pas que, pendant les années qui suivirent sa signature, Youra-Towel ait accompli aucun fait en violation de ses engagements. Il semble aussi d'ailleurs qu'aucune protestation ne fut soulevée par les peuplades indigènes contre la façon dont le représentant de la France comprenait le rôle qui lui était assigné. Ce traité de 1865 semble avoir facilité et même permis les relations qui s'établirent entre le Gouvernement français et les autres chefs de la région des Rivières du Sud. On retrouve une déclaration d'un chef Nalou, Baky, de Boffa, signée à bord du *Goëland*, le 20 avril 1885, et dont les termes méritent d'être rapportés :

Au nom de la République française.

Par devant M. Coffinières de Nordeck, commandant de l'aviso *le Goëland*, agissant au nom du Lieutenant-Gouverneur, en vertu des pleins pouvoirs qui lui ont été délégués, et MM. de Beeckman, commandant du cercle du Rio-Nunez, et de Rauquemaurel, enseigne de vaisseau, agissant comme témoins, le chef Nalou-Baky, de Boffa, à l'entrée du Canagona, reconnaît comme son chef légitime et chef de tout le Rio-Nunez le roi Youra-Towel.

Fait à bord du *Goëland*, devant Victoria, dans le Rio-Nunez.

20 avril 1885.

Le Lieutenant de vaisseau,
Signé : Coffinières de Nordeck,
R. de Beeckman; C. de Rauquemaurel.

Signé : Le chef Baky; le fils Baky;
Le chef Dinah; l'interprète Ibrahima.

Le Gouvernement, pour poursuivre sa conquête pacifique de la région, entraînait, ainsi qu'il apparaît de ce document, les chefs du pays à reconnaître l'autorité exclusive de Youra-Towel. Ce n'était d'ailleurs que l'application logique du traité de 1865, dont le principal effet devait être de placer la France en présence d'un seul chef pour tout le Rio-Nunez.

Déjà, le 30 janvier 1884, le traité du 28 novembre

1865 avait été complété par un acte additionnel qu'il est aussi nécessaire de citer tout entier :

Au nom de la République française,

Aujourd'hui, 30 janvier 1884, le roi Youra et les chefs nalous, convoqués à bord de l'aviso le *Héron*, en rade de Victoria, par M. Bayol, lieutenant-gouverneur, représentant M. le colonel Bourdiaux, Gouverneur du Sénégal et dépendances, ont accepté la convention suivante :

ARTICLE PREMIER. — La paix est faite entre Bokar-Cotounou et le roi Youra-Towel.

ART. 2. — Bokar Cotounou, chargé de régler la succession de Boubou-Morgaine, continuera à toucher les rentes du bas de la rivière jusqu'à sa mort.

ART. 3. — Les prisonniers, hommes ou femmes, de condition libre, seront rendus dans le plus bref délai.

ART. 4. — La pirogue et les différentes marchandises enlevées à Boubou-Morgaine seront rendues à ses héritiers ou à leurs propriétaires.

ART. 5. — Bokar-Cotounou est personnellement responsable du maintien de la paix dans le bas Rio-Nunez.

ART. 6. — Le territoire compris entre le marigot de Caxiope et celui du Ropas, jusqu'à deux kilomètres des rives du fleuve, est cédé par le roi Youra-Towel au Gouvernement de la République française en toute propriété et libre d'impôts.

Les droits des factoreries existantes sont sauvegardés.

Aucune nouvelle factorerie ne pourra s'établir sur le territoire ci-dessus, sans l'autorisation du Gouverneur du Sénégal.

ART. 7. — Pour assurer la sécurité de la rivière, si nécessaire aux transactions commerciales, Dinah est nommé ministre responsable du roi Youra. Il touchera 1.200 francs de rentes payables à Boké.

Cette somme sera prélevée sur les 5.000 francs donnés au roi des Nalous par le traité du 26 novembre 1865.

ART. 8. — Les Toubakais, qui sont une cause de prospérité pour le Rio-Nunez, ne dépendent que du Gouvernement français et ne peuvent être ni inquiétés, ni réquisitionnés, ni punis par les chefs nalous.

Fait à Victoria, les jour, mois et an que dessus.

Signatures de : ZANA, DINAH, TABA, ANAMODEN, MANCHE-LIAYE-YAYA-LAMINA, BOCARI-COTOUNOU, SAKI-MODOU, SIKA-SALOU-MANCHE-LAZ, Roger GUÈYE.

Signé : N. CAVALIÉ, F. SEYGER, CLÉRET, Jean BAYOL, R. de BEECKMAN.

La méthode suivie par nos représentants apparaît très nette. Il s'agissait de pacifier le pays, autant que faire se pouvait, d'établir d'une façon très ferme l'autorité de Youra-Towel, de supprimer les difficultés intérieures qu'il pouvait rencontrer, d'être l'arbitre entre lui et les chefs pour assurer la sécurité de la région. C'est en effet sous l'influence du Lieutenant Gouverneur, représentant le Gouverneur du Sénégal, que la paix est faite entre Youra-Towel et Bokar-Cotounou. Le Gouvernement d'ailleurs prend dès lors des dispositions pour permettre à Youra-Towel d'exercer son autorité. Un ministre responsable lui est désigné, auquel il devra même donner une partie des appointements de 5.000 francs qui avaient été stipulés à son profit personnel par le traité de 1865.

Il est intéressant de noter tout de suite que ce ministre responsable, c'est Dinah, l'héritier présomptif de Youra-Towel, qui, ainsi, entre en rapports directs avec la France. Il devra, dès lors, s'habituer aux services de vassalité qui seront la charge de sa royauté future.

Il faut aussi remarquer que, pour la première fois, une certaine atteinte est portée aux droits du roi et des chefs à l'intérieur : d'une part, Youra-Towel cède à la France une partie de son territoire (art. 6), d'autre part l'art. 8 soustrait à l'action des chefs nalous les Toubakais « qui sont une cause de prospérité pour le Rio-Nunez ». Les chefs nalous n'auront plus le droit d'inquiéter, de réquisitionner, ni de punir cette population. Sauf cette restriction formellement stipulée, le droit de Youra-Towel demeure entier. Il ne subit pas plus de réductions du fait du traité de 1884 que de l'acte originaire du 20 novembre 1865.

A partir de cette année, le roi Youra-Towel n'apparaît plus dans les traités qui seront signés. Il était âgé, immobilisé, et la nomination de Dinah comme ministre responsable était le moyen d'assurer à celui-ci la transmission du pouvoir sans heurt, par sa préparation à l'exercice de la royauté.

Le 5 mai 1885, un traité d'amitié est signé entre le roi des Nalous et le roi des Landoumans par devant M. Coffinières de Nordeck, lieutenant de vaisseau, commandant le *Goëland* et c'est Dinah qui signe pour le roi des Nalous, avec l'acceptation du roi des Landoumans. Voici le texte de ce traité :

Aujourd'hui, cinq mai mil huit cent quatre-vingt cinq.

Par devant nous, soussignés, lieutenant de vaisseau, commandant le *Goëland* et le Commandant du Rio-Nunez, a eu lieu l'entrevue entre le roi des Nalous Youra-Towel, qui, gravement malade et n'ayant pu venir, s'est fait remplacer par son fils Dinah (1) et le roi des Landoumans, Mengua-Sarah acceptant Dinah pour représenter le roi Youra.

Ces deux chefs ont déclaré renoncer à leur inimitié passée pour faire dorénavant commerce d'amitié, afin d'obéir aux ordres de M. le Lieutenant-Gouverneur qui veut que toute la rivière soit tranquille.

En conséquence de ce pacte d'amitié, les Nalous et leur

(1) Dinah était en réalité le neveu de Youra-Towel. Il n'est désigné comme son fils que parce qu'il était son héritier présomptif. Youra-Towel n'ayant pas de fils ou de frère vivant à qui sa succession pût être dévolue; d'après les coutumes des Nalous, c'était son neveu, fils de son frère le plus âgé qui était appelé à lui succéder.

chef pourront se rendre à Boké sans crainte d'être inquiétés, parce qu'ils seront sous la protection et la responsabilité du roi Mengua-Sarah.

De leur côté, les Landoumans et leur chef pourront se rendre à Sogoboly sans rien craindre, car lorsqu'ils feront ce voyage, ils seront sous la protection et la responsabilité du roi Youra-Towel.

Fait à bord, devant Bel-Air, dans le Rio-Nunez, aux jour et date indiqués ci-dessus.

Le Lieutenant de vaisseau
commandant le *Goëland*,
Signé : COFFINIÈRES DE NORDECK.

Ont signé :
DE BEECKMAN, Commandant du Rio-Nunez;
DINAH, fils du roi des Nalous (pour son père;
LE ROI DES LANDOUMANS; l'interprète IBRAHIMA;
Les témoins NALOUS et LANDOUMANS.

Le 17 avril précédent, M. Bayol, Lieutenant-Gouverneur du Sénégal, représentant M. Seignac-Lesseps, Gouverneur de cette Colonie, avait passé un important traité avec les chefs du Rio-Nunez. Youra-Towel y est nommé chef des pays qui s'étendent sur les deux rives du Rio-Nunez et la paix est faite entre lui et les chefs du Bas-Nunez. Ce traité, précisant la portée de celui du 30 janvier 1884, porte que « Dinah Salifou remplira les fonctions de premier ministre du roi et sera responsable de la tranquillité de la Rivière ».

Ce traité, d'ailleurs, doit aussi être rapporté :

Au nom de la République française.

Entre M. Jean Bayol, lieutenant-gouverneur du Sénégal, représentant de M. Seignac-Lesseps, gouverneur du Sénégal et dépendances, d'une part, et les chefs du Rio-Nunez, d'autre part, a été conclu le traité suivant :

ARTICLE PREMIER. — Youra-Towel, roi des Nalous, est reconnu chef des pays qui s'étendent sur les deux rives du

Rio-Nunez, depuis son embouchure jusqu'aux territoires des Landoumans, c'est-à-dire au marigot de Roppas, rive droite, et au marigot de Captès, rive gauche.

ART. 2. — Dinah Salifou remplira les fonctions de premier ministre du roi et sera responsable de la tranquillité de la rivière.

ART. 3. — Il assurera la liberté de la navigation et des transactions commerciales dans l'intérieur du pays.

ART. 4. — La paix est signée pour toujours entre le roi Youra-Towel et les chefs du Bas-Nunez qui s'étaient révoltés contre son autorité.

ART. 5. — Tout chef de village qui laissera désormais piller une factorerie ou une embarcation sera responsable.

Fait et signé à bord de l'*Ardent* le 17 avril 1885.

Le Lieutenant Gouverneur,
Signé : JEAN BAYOL.

Le Commandant du Rio-Nunez,
Signé : DE BEECKMAN.

Le Lieutenant de vaisseau
commandant l'aviso l'*Ardent*,
Signé : C. AUBERT.

Les autres signatures suivent.

De nombreuses autres conventions sont signées dans lesquelles toujours figure Dinah Salifou comme représentant de Youra-Towel. Celui-ci remplissait ainsi d'une façon complète et loyale les engagements qui étaient la base des conventions qu'il avait passées dès 1865 avec le Gouvernement français.

Il résulte de ces différents actes officiels que Youra-Towel était bien le chef incontesté de la région qu'il plaçait sous la suzeraineté de la France. Il en résulte que, de son vivant, de sa volonté propre et avec le consentement délibéré et formel de la France, son héritier naturel Dinah Salifou fut désigné comme son successeur et que, dès le début, ce dernier apparut comme jouissant de toute la confiance nécessaire pour accomplir la mission qui devait lui être réservée. Mais si sa royauté devait lui assurer l'autorité dans son pays, les traités qui le liaient désormais à la France devaient aussi l'obliger à une obéissance très étroite et faire de lui un des instruments de notre pénétration dans son pays.

IV

Le règne de Dinah Salifou. Son voyage à Paris.

En 1887, Youra-Towel meurt. Dinah Salifou lui succéda suivant les règles de transmission du pouvoir dans le pays ; il accéda au pouvoir sans qu'aucun trouble se produisit. Il héritait de tous les biens de Youra-Towel en même temps qu'il devenait roi.

On était alors à la veille de l'Exposition de 1889. A ce moment où l'expansion coloniale se poursuivait de la façon la plus intense, on pensa en haut lieu que le roi des Nalous, qui avait été le premier ami de la France dans les Rivières du Sud, était désigné pour venir à Paris marquer par sa présence nos progrès en Afrique. La venue de Dinah Salifou à Paris pendant l'Exposition fut ainsi décidée. Sa présence devait être une manifestation éclatante du succès de la politique et de l'influence française dans l'Ouest africain.

Le voyage fut préparé de longue main. Dès le début de l'année 1888, on s'était préoccupé de pourvoir, en l'absence du roi, à l'administration de son pays. Il résulte des lettres échangées à cette époque et dans les premiers jours de 1889 entre le Gouverneur du Sénégal et Dinah que celui-ci ne voyait pas sans inquiétude la nomination de son parent Tokba en qualité de chef du village de Victoria. Dès ce moment, Dinah mettait en garde le Gouverneur contre les procédés de Tokba, en qui il voyait déjà un traître. Voici ce qu'il écrivait notamment le 12 mars 1888.

Gloire au Seigneur.

De la part de Mahmadou Dinah, roi des Nalous, au Gouverneur du Sénégal. Salutation amicale.

Monsieur,

Je vous remercie de votre aimable missive qui m'a causé une joie inexprimable. Dans votre lettre, vous me parlez de l'affaire de Cassini; après avoir occupé sérieusement de cette question, j'ai su que ce territoire appartient à la nation portugaise.

Je suis prêt à exécuter les ordres que vous m'avez ordonné de faire sur mon frère Tokba (1), c'est-à-dire lé nommer chef du village de Victoria; malgré qu'il y a dans la famille des personnes bien plus âgées que lui, mais la confiance que vous avez eue de moi pour me charger de cette nomination me fera remplir avec honneur cette tâche.

Cependant, je tiens à vous faire savoir que depuis quelque temps Tokba prend des haines contre moi, mais moi je ferai tout mon possible pour lui être agréable. Maintenant, s'il continue toujours à rester dans la mauvaise voie et que je ne peux rien sur lui, je serai obligé de rester neutre.

Je vois, M. le Gouverneur, par ses allures, que mon frère cherche le moyen de me trahir et je sais qu'il a reçu des mauvais conseils envers moi et qu'il cherche à me détrôner, tandis que moi je n'agirai rien de mal sur lui. Je vous prie de le mettre à l'ordre en lui faisant savoir que je suis son chef.

Pour la baleinière que je vous avais demandée, j'attends toujours la réponse et je pense que vous me la procurerez.

On passa outre à son avis, et Tokba devint le chef

(1) Tokba était le cousin de Dinah Salifou. De même que le neveu était appelé le fils par l'oncle, de même dans les usages nalous le cousin était appelé le frère (Voyez note, page 8).

d'une province sous les ordres de Sayon, frère de Dinah, qui remplaça ce dernier pendant son absence.

Le roi s'embarqua au mois de juin. Il fut reçu officiellement à la gare de Lyon par l'Amiral Vallon, M. Louis Henrique commissaire général de l'Exposition coloniale, et M. Jean Bayol, Gouverneur des Colonies. Celui-ci lui souhaita la bienvenue au nom de M. Etienne, alors Sous-Secrétaire d'État aux Colonies.

Le *Temps* publiait, le 27 juin 1889, dans sa chronique de l'Exposition, le compte-rendu de cette réception. Toute la grande presse reproduisait l'information. *L'Illustration* du 6 juillet 1889 consacrait un article à Dinah, à sa famille et à son fils Ibrahim, son héritier présomptif. Le *Petit Parisien* du 10 mars 1909 rappelle qu'il publia dans un supplément illustré de 1889 une gravure représentant toute la famille royale, alors à Paris.

Dinah Salifou rentra en Afrique. Il trouva son pays troublé par des guerres qu'avait suscitées Tokba. Des meurtres avaient été commis, des rapines s'étaient produites, qui avaient déterminé la lutte entre les différentes peuplades placées sous la domination du Roi nalou. Cela n'était pas de nature à étonner autrement Dinah Salifou, qui savait ce dont était capable Tokba. Il s'était déjà précédemment expliqué à son sujet. Voici la lettre qu'il avait écrite en février 1889 au Gouverneur du Sénégal :

Louange à Dieu, etc.

De la part du roi des Nalous, Dinah Salifou, au Gouverneur du Sénégal.

Salut le plus complet.

Monsieur,

Le but de cette missive est de vous apprendre qu'un nommé Tokba a importuné mon territoire par les torts qu'il cause souvent aux pauvres personnes et aux étrangers, qu'il donne parfois la mort. Il est la terreur de tout le monde.

Je vous prie donc, M. le Gouverneur, de nous débarrasser de cet homme qui nous nuit grandement. Par ce moyen, tout mon territoire sera paisible et tranquille.

Aussitôt rentré, Dinah Salifou avisait M. Bayol, Gouverneur des Rivières du Sud, de la situation du pays par sa lettre du 1er décembre 1889 :

Gloire à Dieu, etc.

De la part de Dinah Salifou, roi des Nalous, à M. Bayol, Gouverneur des Rivières du Sud, à Conakry.

Je viens vous informer que j'ai reçu votre lettre; j'ai entendu son contenu, je sais par là que vous ne m'avez oublié, que vous vous souvenez encore de moi.

J'ai entendu par cette lettre que vous me parlez des gens de Forréah qui viennent faire la guerre dans le Rio-Nunez et qu'ils sont venus même piller jusqu'auprès du poste de Boké à Baralandé, et vous me dites que je ne dois pas rester à regarder ces choses, que je dois veiller et empêcher cela. Je vous annonce que tout cela, c'est la faute de Tokba, et je viens vous rappeler ce que je vous avais dit à mon retour de France et que nous nous sommes trouvés à Saint-Louis. Je vous avais dit que j'ai reçu une lettre de chez moi m'annonçant que Tokba a bouleversé tout le pays pendant mon absence : il a pillé les cultivateurs (badolos) et leur a fait un grand tort, il a même pris parmi eux des hommes libres qu'il a vendus, il en a tué trois sans ordre ni justice.

Vous m'aviez répondu que vous partiez pour Porto-Novo et que, quand je serai au Rio-Nunez, de voir si le contenu de la lettre est vrai de vous l'écrire. A mon arrivée au Rio-Nunez, j'ai trouvé que le tout était vrai, c'est pour cela que je vous écris cette lettre et vous demande de m'aider sur Tokba, car il veut bouleverser le pays et cherche à me trahir.

Le jour que le Gouvernement français m'a nommé roi des Nalous, on m'avait dit que, tout ce qui me nuira dans mes Etats, de le prévenir. Je vous écris alors pour vous annoncer que Tokba me nuit et cherche à me trahir.

Fait au Rio-Nunez, le 1er décembre 1889.

Cette lettre prouve bien que Dinah Salifou, aussi fidèle après l'accueil qui lui avait été fait à Paris qu'à son départ pour la France, tient à prévenir le représentant de la République de toutes les causes de trouble qui peuvent se produire dans son pays. Il signale que Tokba constitue l'un des principaux dangers pour la sécurité de la région. Il ne dit pas autre chose dans sa nouvelle lettre du 10 décembre 1889. Il y indique nettement qu'il se considère responsable même des fautes commises par d'autres, dans le pays où il est le représentant de la France et il annonce les mesures qu'il a dû prendre pour essayer de ramener la paix et rétablir la tranquillité. Tout de suite, il veut provoquer une rencontre avec ses ennemis récents devant l'administrateur du Cercle du Rio-Nunez, afin de solutionner les différents conflits qui se sont produits. Il s'explique de tout cela de la façon la plus nette dans sa lettre du 10 décembre 1889 :

A Monsieur le Docteur Lesquendieu, Administrateur du Cercle de Boké.

Monsieur,

Je vous envoie deux landoumans que Tokba avait vendus pendant mon absence; il avait pris ces hommes sur Bourang, chef de Tanda, qui fait partie du roi Sara; j'ai donné 400 francs de marchandises pour les racheter, tout cela c'est la faute de Tokba.

Je savais qu'il y avait un traité (1) entre le roi Sara et mon père Youra-Towel (2), traité fait à bord du *Héron* qui disait que chacun reste dans son pays et que personne ne fasse le tort à son collègue; c'est pour cela j'ai racheté ces hommes pour les remettre à Sara, car les Français me demanderont pourquoi je laisse piller ce pays et je sais que je suis responsable de ses torts. A mon retour de France,

(1) Traités du 5 mai 1885.
(2) Voyez la note, page 8.

j'ai trouvé que Tokba a bouleversé tout le pays, car Bourang, chef de Tanda, a pris sur mes sujets, les Nalous, 60 personnes, il a tué 20. Ces 60 personnes sont tous des Nalous de mon territoire, et leurs parents sont venus pleurer sur moi, et je ne sais comment faire; comme vous êtes l'Administrateur ici et que vous représentez le Gouverneur, je vous demande de faire venir Tokba et les notables du pays et de dire à Sara de venir aussi, ainsi que Bourang, chef de Tanda; nous viendrons tous au poste pour régler cette affaire, et celui qui a le tort vous l'enverrez à Saint-Louis, car, en quittant le pays pour me rendre en France, le pays était tranquille, et à mon retour j'ai trouvé que Tokba avait tout bouleversé et je ne sais celui qui lui a donné l'ordre de faire la guerre.

En l'envoyant à Saint-Louis, le gouverneur le lui demandera.

Fait à Sogoboly, le 10 décembre 1889.

Je, soussigné, administrateur du Cercle du Rio-Nunez, certifie que le roi des Nalous, Dinah Salifou, s'est présenté le 20 décembre 1889, époque fixée par le chef Bourang pour arranger l'affaire de Cabacco, qu'il l'a attendu pendant quatre jours; que l'arrangement n'a pu avoir lieu par suite de la mauvaise volonté des Landoumans qui ont refusé de se rendre au poste.

Fait à Boké, le 25 décembre 1889.

Signé : Docteur LESQUENDIEU.

Dinah Salifou ne pouvait faire mieux pour montrer combien il était désireux de remplir de la façon la plus convenable la mission qu'il tenait du Gouvernement. Il confirme à M. Bayol, le 31 décembre 1889, le danger que font courir au pays entier les agissements de Tokba.

Gloire au Seigneur, etc...

De la part de Dinah Salifou, roi des Nalous, à M. Bayol, Gouverneur des Rivières du Sud, Salut.

Le but de cette lettre est de vous informer que je vous avais écrit une lettre pour vous dire les affaires de Tokba.

Vous devez vous rappeler du jour que je suis revenu de France que vous vous trouviez au bureau du Gouverneur, Clément Thomas à Saint Louis : ce jour, le Gouverneur me présentait devant vous, en me faisant savoir que vous êtes le Gouverneur des Rivières du Sud et toutes mes affaires vous concernent maintenant.

Je vous ai dit que j'ai reçu une lettre de chez moi m'annonçant que Bourang, chef des Tanda, a pris quatre-vingts personnes de mes sujets, il en a tué vingt personnes, et cela vient de ce que Tokba a été l'attaquer le premier, et je vous ai dit en même temps de faire votre possible pour faire venir Tokba à Saint-Louis pour le punir, vous m'avez répondu que vous partiez à Porto-Novo et que quand je me rendrai au Rio-Nunez de voir si c'est vrai et de vous l'écrire; c'est pour cela je vous écris pour vous prier de vouloir bien me faire ce que je vous demandais; sans cela Tokba bouleversera mon pays et cherchera à me faire du mal.

Fait à Soccoboly, le 30 décembre 1889.

V

Le rôle de M. Opigez. L'exil de Dinah Salifou

Entre temps, le représentant du Gouvernement français, le Commandant du Cercle du Rio-Nunez, fut changé. Le Docteur Lesquendieu, qui avait succédé à M. de Beeckman, fit place à M. Opigez. Il semble que dès ce moment c'est la manière forte qui va être substituée aux procédés de conciliation dont on avait jusqu'alors fait usage.

Le 3 août 1890, M. Opigez écrit à Dinah Salifou la lettre suivante (1) :

(1) Cette lettre comme celles qui vont suivre a été écrite d'abord en français puis traduite en arabe par l'interprète juré pour être adressée à Dinah Salifou. C'est la lettre ainsi écrite en arabe et reçue par lui qu'il a confiée à un haut fonctionnaire colonial. Nous publions traduite en français par l'interprète juré, la lettre reçue par Dinah Salifou.

Le Commandant du Cercle du Rio-Nunez à Dinah Salifou, roi des Nalous.

Moi le Commandant à Boké vous annonce que je vous envoie les 500 francs que vous m'avez demandés, mais vous ne me dites rien au sujet de la guerre, ni de Mody Yaya, le prince du Fouta-Djallon qui est avec vous; je crois que sous peu vous me direz ce qui se passe sur tout sur ce que je vous demande pour les deux mauvais sujets dont je vous demande les têtes. Je veux avoir ces deux têtes.

Votre ami, le Commandant de poste de Boké :

OPIGEZ.

M. Opigez met ainsi Dinah Salifou, qui est engagé dans des conflits provoqués par Tokba pendant son absence, en demeure de faite tomber la tête « de deux mauvais sujets », que d'ailleurs il ne désigne pas d'une façon plus précise.

Peu après, au cours des opérations engagées, Dinah Salifou tue Tokba et le chef Bourang. Il l'annonce à M. Opigez, qui, le 14 août 1890, déclare qu'il n'a pas donné à Dinah « la permission » de tuer Tokba. Dans sa lettre, d'ailleurs, il reconnaît que c'est lui qui a donné l'ordre à Dinah de faire la guerre à Bassia.

Le Commandant de Boké Opigez à M. Dinah Salifou, roi des Nalous (1).

Je vous écris pour vous annoncer que j'ai entendu ce que vous avez dit d'avoir tué Tokba et que c'est les Français qui vous ont donné la permission pour le tuer; vous devez savoir que ce n'est pas vrai. Ne dites plus que vous avez tué un cheval, je vous montrerai que vous avez tué un homme et non pas un cheval, et que personne entre nous ne ment pas; il faut savoir que je vous avais dit d'aller faire la guerre à Bassia, et cette guerre devait finir depuis longtemps; il faut vous dépêcher pour que toutes les affaires de la guerre finissent, car vous devez savoir que l'année pro-

(1) Voir la note, page 17.

chaine (1891) il n'y aura rien dans le pays, les champs ne seront pas cultivés, tout est gâté à cause de cette guerre; ce que vous pouvez faire, faites-le avant la fin du mois d'août; avant quinze jours il faut que vous finissiez; quand vous finirez, que Mody Yaya parte dans le Foréyasi; ce n'est pas ça le pays sera gâté. Répondez vite à ma lettre le plus tôt possible; celui qui vous apporte cette lettre rapportera la réponse.

Fait à Boké, le 14 août 1890.

OPIGEZ.

Dès le lendemain de la réception de cette lettre, Dinah Salifou explique à M. Opigez les conditions dans lesquelles il a été amené à tuer Tokba. Il lui raconte que Tokba était venu à sa poursuite dans la forêt, avec des hommes, pour tâcher de le tuer et qu'il dût s'en débarrasser en le tuant pour n'être pas lui-même assassiné :

Moi, Dinah Salifou, roi des Nalous, j'écris cette lettre au commandant du poste de Boké. J'ai reçu votre lettre datée du 14, j'ai entendu ce que vous avez dit dans cette lettre. Pour ce que vous dites sur la mort de Tokba, ceux qui vous ont dit que ce sont les Français qui m'ont autorisé à tuer Tokba, ce n'est pas vrai; je ne l'ai jamais dit et je ne dis jamais que ce qui est vrai. Après, vous me dites que je saurais que je n'ai pas tué un cheval, j'ai entendu ces paroles, mais vous devez vous souvenir du jour que vous êtes venu chez moi avec votre interprète, Ibrahima N'Dar; je vous ai parlé ce jour de l'affaire de Tokba. Je vous faisais savoir que Tokba veut me tuer; il faut l'envoyer au Gouverneur pour le corriger; si ce n'est pas cela, il fera une révolte dans le pays, car il ne cherche que ma mort pour prendre ma place et le Gouverneur m'avait dit que celui qui m'embarrasse dans mon pays de vous le faire savoir. Vous m'avez demandé si je voulais qu'on le déporte et qu'il ne verra plus le pays. Je vous ai répondu non, parce que c'est mon cousin (1). Je veux seulement que le Gouvernement le corrige, et vous m'avez permis de le faire; j'ai resté trois mois sans rien vu ni entendu. Vous m'avez fait faire la guerre aux Diolas de Tanda, Tokba est

(1) Voir la note, page 12

venu me trouver dans ma forêt avec ses hommes cherchant à me tuer, sachant que si je ne le débarrasse, il me tuerait; je l'ai tué, car si je ne l'avais pas fait, j'y resterai, et rien ne vaut sur moi ma vie. Aussitôt après l'avoir tué, je vous l'ai fait savoir ainsi que la cause de sa mort. Vous me dites de finir la guerre dans une quinzaine de jours; je l'ai compris et l'ai fait savoir à Mody Yaya, mais vous devez savoir que les affaires des noirs ne se fassent pas si vite que les affaires des blancs. Nous commencerons à nous rassembler mercredi, et nous choisirons un jour pour tomber sur les Diolas. Envoyez-nous les guerriers de Sara pour nous renforcer, comme vous me l'aviez promis.

Fait à Kilak Lak, le 15 août 1890.

Dans cette lettre, Dinah Salifou apprend à M. Opigez qu'il rassemble ses troupes pour engager la bataille dans les conditions des ordres qui lui sont donnés par M. Opigez.

Le 18 octobre 1890, Dinah Salifou raconte directement au Gouverneur du Sénégal les conditions dans lesquelles se sont poursuivies les hostilités, s'est réalisée l'exécution de Tokba et de Bourang et s'est accomplie sa défaite dans sa lutte contre les Djolas:

De la part de Dinah Salifou, roi des Nalous, au Gouverneur du Sénégal, Salut.

Le but de cette lettre est de venir vous informer l'état de mon pays.

A mon retour de France en 1889, j'ai trouvé que mon cousin Tokba a bouleversé tout mon pays, il n'a pas voulu écouter mon frère Sayon Salifou que j'avais laissé pour me remplacer; il ne faisait que ce qui lui plaisait. Il est allé faire la guerre à Bourang, chef de Tanda, sans demander la permission, il n'a chercher qu'à gâter le pays pendant mon absence. A mon retour de France, tous les pauvres sont venus me trouver, faisant des réclamations sur lui ; j'ai été le faire savoir au commandant, et je l'ai prié de réunir le roi Sara, Tokba et Bourang au poste pour les juger, ce qu'il accepte, et alors je me suis rendu au poste avec Tokba. J'y ai resté six jours, mais le roi Sara et Bourang n'ont pas voulu venir à l'appel, de sorte que l'affaire n'a pas pu se régler et le commandant me dit alors de retourner chez moi.

Depuis cette époque, Tokba ne fait que continuer ses pillages; je lui ai fait plusieurs fois des observations à cet égard, et finalement je lui ai dit que j'ai fait ma réclamation au commandant.

Tokba sachant cela, n'a cherché qu'à me trahir, pour me tuer et prendre ma place.

Il a fait venir chez lui mes ennemis et il a tenu conseil avec eux pour chercher le moyen de se débarrasser de moi. Lorsque j'ai entendu cela, j'ai prévenu le commandant et je lui ai demandé à envoyer Tokba à Saint-Louis. Depuis, j'ai resté trois mois sans réponse et après le commandant m'envoie faire la guerre; j'ai fait appel à tous mes sujets. Tokba n'est pas venu à l'appel, mais quand j'étais en route, il est venu me rejoindre; il était accompagné avec mes ennemis. Lorsque j'ai vu cela et que j'étais dans le désert, je ne pouvais plus patienter ni prévenir le commandant, et là je l'ai tué pour me sauver la vie, car si je ne l'avais pas fait, il m'aurait tué puisqu'il est venu me rejoindre douze jours après mon départ et son intention était de m'assassiner.

Je viens vous le prévenir, je sais bien que toutes nos affaires se règlent maintenant à Konakry au lieutenant-gouverneur, mais je tiens à ce que vous le sachiez de moi. Après cela, je me suis battu avec Bourang, chef de Tanda, je l'ai tué, et j'ai remis sa tête au commandant de Boké, comme il me l'avait demandé; de là je me suis battu avec les Djolas, mais là j'étais battu.

Fait au Rio-Nunez, le 18 octobre 1890.

Il complète tous ces renseignements dans une lettre du 18 octobre 1890, adressée au lieutenant-gouverneur à Konakry :

M. le Lieutenant-Gouverneur. — Konakry.

Permettez-moi que je vous donne les nouvelles qui se sont passées ces jours derniers au Rio-Nunez.

C'est donc la mort de Tokba.

En 1888, le temps du Commandant Largeau, il y avait un grand guerrier nommé Yonka Laye, qui faisait du mal dans la Rivière de tort à travers, tout le monde se plaignait contre lui. Le Commandant Largeau m'appela et me demanda à lui fournir quarante hommes armés; j'accepte la chose et j'en parle à mon frère Tokba, qui accepta la chose aussi devant moi. Mais il envoie immédiatement en dessous un courrier à Yonka Laye, lui disant qu'une armée partira pour chez lui et de se mettre en garde. Ce fait qu'avec le peu de monde que nous avions, Yonka Laye nous aurait complètement écrasés. Le Commandant Largeau furieux me posa une amende de 3.000 francs; pour quoi, parce que Tokba, est mon frère et que j'ai droit sur lui, ayant fait appeler Tokba, je lui ai dit qu'il avait tort de faire ce qu'il a fait et que tout le tort est tombé sur moi. Vous voyez donc, M. le Lieutenant-Gouverneur, que ce garçon a commis par là une très grave faute contre l'autorité.

2e Édition (1). — A mon départ pour France, j'ai confié le pays à mon frère Salifou Sayou, Tokba n'a pas voulu le reconnaître comme chef, fait du mal partout, vole les esclaves des propres cultivateurs et les vend.

Tout le monde s'est plaint au Commandant, et la première guerre qui a eue pendant mon absence, c'est lui qui a été la cause, c'est donc avec peine que le pays est revenu tranquille.

3e Édition (1). — On a publié dans tous les journaux de France que j'ai été assassiné par Tokba; c'est ce qui a poussé M. le Lieutenant-Gouverneur Cerisier à se rendre au Rio-Nunez. C'est que Tokba a cherché tous les moyens pour me tuer, il donnait des fusils chargés à des hommes pour me guetter la nuit chez moi pour me tuer, et chaque fois je suis averti. Cette dernière guerre, lorsque j'étais avec Mody Yaya, il lui a fait cadeau d'une caisse de fusils et beaucoup de marchandises d'accord avec lui pour me tuer. Cet homme, plus intelligent que Tokba, m'a tout montré et m'a tout avoué; il a même promis à Mody Yaya une somme de deux mille francs en plus après sa mort. Vous voyez donc, M. le Lieutenant-Gouverneur, que réellement je n'ai pas tort de le tuer. Il a donc été exécuté le jour même (5 août 1890), à 3 heures de l'après-midi. Il a été même d'accord avec le fils de Boundou, nommé Carimou pour tomber sur moi. Combien de fois j'ai

(1) Ces mots : deuxième et troisième éditions employés par le traducteur signifient évidemment 2e ou 3e grief ou 2e ou 3e observation.

écrit au gouverneur du Sénégal, M. Largeau aussi, pour demander à ce que l'on fasse disparaître cet homme de la Rivière pour quelques années, pour le punir, à Saint-Louis ou ailleurs. Pas de réponse.

Après le départ de M. Largeau, j'en ai aussi parlé à M. Guillou, Commandant, de le faire disparaître, par la demande de M. le Gouverneur; mais tout cela pas de réponse. Moi-même, j'ai écrit deux fois au Gouverneur du Sénégal, afin qu'il puisse savoir ce qui se passe dans la Rivière et ce que fait Tokba (pas de réponse). J'avais beau lui donner des conseils, mais inutile, il m'a même fait dire un jour que si j'étais un homme fort de venir chez lui chercher ce que je lui demande. Il n'y a pas longtemps, j'ai parlé à M. Opigez, Commandant du poste, de faire tout son possible pour le faire partir à Saint-Louis.

C'est ce qui fait donc, M. le Lieutenant-Gouverneur, que Tokba a été exécuté, d'après tout ce qu'il a fait dans le pays, attendu qu'il y avait que des pleurs partout; il tombait sur un pauvre diable et lui prenait tout son bien.

C'est tout ce que j'ai pu vous dire en écrit! Si par hasard le Bon Dieu fasse que nous nous voyons, j'aurais alors de quoi vous dire verbalement.

J'ai donné les renseignements nécessaires à M. Opigez, commandant de Boké, pour ce qui concerne la mort de Tokba.

Pendant que je me trouvais en France, il a tué trois hommes pour rien du tout, car il n'a pas le droit de tuer sans mes ordres.

Veuillez donc agréer, M. le Lieutenant-Gouverneur, les bien sincères salutations de votre tout dévoué serviteur.

Il semble que la défaite de Dinah Salifou dans sa lutte contre les Djolas ait été l'occasion des mesures de rigueur qui allaient bientôt être prises contre lui.

Le 5 novembre 1890, M. Opigez écrit à Dinah Salifou et lui demande d'être à Victoria le lendemain à deux heures pour s'y rencontrer avec le commandant de la *Mésange* :

Le Commandant du Poste de Boké à Dinah Salifou, roi des Nalous.

Je vous écris cette lettre pour vous annoncer que j'ai reçu

votre lettre et ai entendu ce que vous m'y dites; je vous remercie infiniment sur les renseignements que vous m'avez donnés concernant Bassia, mais je vous annonce qu'il faut vous tenir prêt pour être à Victoria, demain, à 2 heures; j'y serai aussi à 2 heures pour que nous nous rencontrions avec le commandant de la *Mésange* pour avoir une entrevue ensemble.

Fait à Boké, le 5 novembre 1890.

OPIGEZ.

Dinah Salifou fut au rendez-vous. Il s'embarqua sur la *Mésange*, qui, immédiatement, leva l'ancre. Le roi des Nalous fut conduit à Conakry chez le Gouverneur Ballay. Celui-ci le garda quelques jours et l'amena ensuite à Saint-Louis, où il fut retenu prisonnier.

De quel droit, par quelle autorité cette mesure fut-elle décidée? Ce qui est certain, c'est que Dinah Salifou ne fut pas un prisonnier de guerre, et pourtant il ne fut point mis à même de se défendre et n'eut aucun moyen de montrer qu'il n'existait pas de raison pouvant légitimer la mesure prise à son égard.

M. Opigez, après l'exil de Dinah Salifou, ne le ménagea pas d'ailleurs. Le 7 mai 1891, celui-ci se plaignait, dans une lettre au Gouverneur du Sénégal, des propos de M. Opigez contre le prisonnier, chaque fois qu'il avait l'occasion de parler de ce dernier.

Monsieur le Gouverneur,

J'ai l'honneur de m'adresser à votre haute bienveillance pour vous prier de vouloir bien écouter avec indulgence ce que je vais vous dire.

Tout d'abord mille pardons de ce que peut-être je vous importune avec mes lettres, mais j'espère que celle-ci sera sinon la dernière, mais du moins une des dernières.

Ceci dit, j'entre en matière :

Depuis quelque temps je remarque que M. le Commandant du poste de Boké agit à mon égard avec une certaine animosité. Chaque fois que dans ses occupations de commandant de poste, mon nom vient à être prononcé, il ne peut se défendre de lancer à mon adresse quelques mots très mal placés.

Et je prends à témoin de ce que j'avance. M. Ibrahima Diav, l'interprète du poste de Boké. Il est présentement à Dakar, et si vous aviez l'obligeance d'avoir recours à lui pour vous éclairer sur ces affaires, il vous mettrait certainement au courant de tout ce qui se passe.

En attendant une réponse favorable, recevez, Monsieur le Gouverneur, les salutations distinguées,

De votre très humble serviteur.

DINAH SALIFOU.

D'ailleurs, de nombreuses lettres des chefs nalous, adressées à Dinah Salifou, contiennent l'attestation qu'une enquête poursuivie par M. Opigez, après l'internement de Dinah Salifou, fut faite dans des conditions de partialité extrême. Les chefs affirment que le Commandant du Cercle, au cours de ses interrogatoires, ne cessait de demander aux témoins qu'il interrogeait, de déclarer que Dinah Salifou n'était point aimé de son peuple et que celui-ci s'opposait à son retour dans le pays. Néanmoins, tous les chefs écrivent à Dinah Salifou pour lui dire leur respect, leur dévouement et lui exprimer leurs vœux et leurs souhaits de le voir revenir le plus tôt possible à la tête du pays des Nalous (1).

Non content d'avoir exilé Dinah Salifou, on essaya alors de le faire envoyer en prison dans les geôles du Gabon. Le Gouverneur du Sénégal, M. de Lamothe, s'éleva fermement contre l'application d'une pareille mesure. M. de Lamothe, qui connaissait tous

(1) Nous ne reproduisons pas ces lettres qui nous ont été communiquées, pour ne pas allonger ce rapport. Elles sont conservées dans les archives du Comité de protection et de défense des Indigènes.

les détails des faits qui avaient abouti à l'internement de Dinah Salifou à Saint-Louis, protesta avec une fermeté, un courage et un esprit de justice auxquels il est nécessaire de rendre hommage, contre le traitement qu'on prétendait imposer à un homme à la charge duquel aucun grief n'avait été relevé. M. de Lamothe ne ménagea point ses appréciations. La lettre qu'il écrivait, le 16 septembre 1891, au Sous-Secrétaire d'État aux Colonies, en même temps qu'elle prouve la hauteur des conceptions et des vues de l'ancien Gouverneur, constitue pour Dinah Salifou le plaidoyer le plus éloquent, est pour lui la justification la plus entière et montre qu'à aucun moment, il n'a mérité les mesures de rigueur dont il fut l'innocente victime :

N° 1082. Saint-Louis, le 16 septembre 1891.

1re Direction.

1er Bureau.

Au sujet de Dinah Salifou, ancien roi des Nalous et des Bagas.

Le Gouverneur du Sénégal et Dépendances
A Monsieur le Sous-Secrétaire d'État aux Colonies.

J'ai l'honneur de vous exposer les raisons qui m'ont déterminé à vous demander par câblogramme l'autorisation de surseoir aux mesures que vous aviez ordonnées par votre dépêche du 9 août 1891 à l'égard de Dinah Salifou, ancien roi des Nalous. Au mois de juin dernier, lorsque j'ai visité les Rivières du Sud, je me suis parfaitement rendu compte que le retour de Dinah Salifou dans son royaume n'est plus possible. Toutefois, il est malheureusement certain que son impopularité venait surtout de la situation difficile dans laquelle il s'était trouvé placé du fait même de l'Administration des Rivières du Sud, ou pour parler plus exactement d'un des fonctionnaires de cette Administration. En vérité, la seule charge à relever contre Dinah Salifou, et je ne veux pas ici en diminuer l'importance, est son insuccès dans une guerre qu'il n'avait entreprise que sur l'ordre de Monsieur l'Administrateur de Boké.

Le meurtre de Tokba (cousin de Dinah), chef des guerriers qu'il accusait, peut-être pas tout à fait à tort, de conspirer contre lui, n'était qu'une affaire d'ordre intérieur du royaume des Nalous et n'aurait pas certainement amené la déposition de Dinah Salifou, s'il n'avait été en même temps défait dans sa guerre contre les Djolas. Je ne crois pas que la présence de Dinah à Saint-Louis soit de nature à entretenir une agitation nuisible à la pacification du Rio-Nunez. Je dois d'ailleurs reconnaître que la conduite de cet ancien roi, depuis qu'il est au Sénégal, a été complètement correcte et n'a donné lieu à aucune observation défavorable.

J'estime que Dinah Salifou a droit à quelques égards et à quelques ménagements, et il m'a répugné d'embarquer sur le même bateau et pour la même destination, deux chefs indigènes dont l'un va expier dans l'exil les crimes et les trahisons de son père et sa propre participation à des hostilités à main armée contre la France et l'autre (Dinah) serait destiné à subir le même châtiment pour s'être compromis maladroitement, il est vrai, mais en exécution d'ordres donnés (*j'en ai sous les yeux la preuve écrite*) par un représentant de l'autorité française.

Nous ne pouvons vraiment pas donner aux indigènes l'exemple d'une pareille confusion entre la fidélité *malheureuse* et la trahison réduite à merci.

Toute cette affaire d'ailleurs fait toucher du doigt le vice fondamental qui s'oppose presque invinciblement, à moins d'amendement sérieux au décret du 1er août 1889, à ce qu'on puisse tirer de la nouvelle organisation des Rivières du Sud les résultats qu'on s'en était promis. Ce gouvernement que l'on disait pouvoir se passer des forces militaires, se trouve dans certaines circonstances, obligé de recourir, pour masquer son impuissance, à des compromis peu compatibles à mon avis avec le prestige qu'il est nécessaire de conserver à la France, aux yeux des indigènes.

Or, une attitude ferme, mais surtout d'une rectitude absolue de procédés, est indispensable pour maintenir ce prestige. Je n'oserais pas affirmer que les circonstances qui ont accompagné l'enlèvement et l'internement de Dinah correspondent entièrement à cet idéal.

Signé : DE LAMOTHE.

M. de Lamothe eut à intervenir à nouveau pour Dinah Salifou. Voici un passage d'une lettre qu'il adressait, le 5 janvier 1895 au Ministre des Colonies :

Saint-Louis, le 5 janvier 1895.

N° 49

Au sujet de l'imputation des frais de pension du jeune Ibrahim, fils de Dinah.

Monsieur le Ministre,

Comme suite à votre Dépêche du 5 octobre 1894, timbrée Personnel et Secrétariat Justice, Instruction publique et Cultes n° 80, au sujet de l'imputation des frais de pension du jeune Ibrahim, fils de Dinah Salifou, j'ai l'honneur de vous faire connaître que le Conseil général de la colonie du Sénégal a voté qu'une somme de 500 francs serait inscrite au budget 1895 pour subvenir en partie à l'éducation de cet enfant au lycée d'Alger.

D'autre part, j'ai décidé qu'une somme égale serait prévue à l'annexe au budget local afin que ce jeune homme put terminer utilement ses études et rendre ultérieurement des services soit à la colonie du Sénégal, soit à sa colonie d'origine.

Toutefois, je tiens à formuler dès maintement toutes mes réserves au sujet des idées émises par mon collègue de la Guinée française, dont vous m'avez donné communication dans cette dépêche précitée. . . . .

J'aurai d'ailleurs, l'occasion de revenir par la suite sur ces questions au retour de la tournée que je vais entreprendre en Casamance, comptant vous écrire alors à nouveau au sujet de la situation faite à Dinah Salifou par la réduction imméritée de la pension de 5.000 francs qui lui avait été accordée par un traité formel, dont jamais les clauses n'ont été violées par lui et dont la colonie de la Guinée française continue à recueillir les avantages matériels.

Signé : H. de Lamothe.

Dinah Salifou ne cessa de témoigner à M. de Lamothe une reconnaissance entière, et c'est à lui qu'il confia tous les documents dont quelques-uns sont cités dans ce mémoire et qui devaient, dans la suite, permettre de prouver l'inanité des accusations dont il avait été victime et permettre de poursuivre son entière réhabilitation. L'une, au moins, de ces lettres, écrite par Dinah Salifou à M. de Lamothe, peut être citée :

Saint-Louis, 3 juillet 1892.

Monsieur le Gouverneur,

Je viens par la présente vous écrire cette lettre pour vous demander de vos nouvelles et, en outre, pour vous rappeler de ma situation. Je pense que vous ne m'oublierez pas auprès du Ministre pour mon affaire. Je ne vous donne pas le détail des affaires que vous connaissez déjà et dont tout le dossier est avec vous. Je ne demande qu'à retourner dans mon pays dans quelles conditions que ce soit. J'accepterai tout ce que le Gouvernement français m'exigera dans mon pays, pourvu que j'y aille et jouisse de la tranquillité, c'est tout ce que je veux.

Je sais bien, Monsieur le Gouverneur, que vous ne m'oubliez pas, mais je tiens à vous écrire pour vous renouveler ma confiance et vous informer que je rêve que vous viendrez ici, m'annonçant mon départ pour Sogoboli.

Si je pouvais avoir la permission de venir en France vous trouver et vous seconder de votre tâche sur moi, je serais heureux, car je serai sûr que le Ministre me donnera raison et je ne cesse aussi d'espérer que vous-même vous trouverez raison pour moi.

Je tiens aussi, Monsieur le Gouverneur, par cette lettre vous annoncer que je ne cesse de louer Dieu pour vous, car vous avez bien voulu vous occuper de moi, sans me connaître, et vous vous êtes donné tant de peines. Sans vous, je serai loin du Sénégal.

Vous avez fait en sorte que je touche ma rente de 5.000 francs, sans vous je mourrais de faim au Sénégal. Sans vous encore, j'étais au Congo, comme les rois qui ont porté les armes contre les Français. Je ne puis être que votre griot, chantant toujours vos louanges, et sans cesse je prie Dieu pour vous, et je suis sûr que ce que vous désirez vous l'aurez. Vous êtes un homme de bienfaits, et cet homme, Dieu ne le laissera jamais. Il pourvoicra toujours à ses besoins.

Je ne sais si vous êtes toujours avec le capitaine Aubert,

mais si vous avez une occasion de le voir ou de lui écrire, il faut lui présenter mes respects ainsi qu'à sa famille.

Si, par exemple, Monsieur le Gouverneur, par votre intermédiaire, le Ministre m'accorde de venir en France, je suis tout prêt à m'y rendre.

Vous devez recevoir par le courrier dernier des pièces faisant partie de mon dossier que j'avais oublié de vous remettre.

Je finis ma lettre en vous priant de présenter mes respects à Madame de Lamothe et à ses enfants.

En attendant le plaisir de vous revoir à bientôt, veuillez agréer, Monsieur le Gouverneur, les respectueuses salutations de votre tout dévoué serviteur.

DINAH SALIFOU.

Néanmoins, aucune mesure ne fut prise en faveur de Dinah Salifou. Sa situation d'exilé se continua et il mourut, dans la misère, au Sénégal, en novembre 1897. Il ne toucha, pendant les dernières années de sa vie, que 1.200 francs de pension, alors qu'au début de sa détention, on avait continué à lui servir la rente de 5.000 francs, stipulée par lui et par Youra-Towel dans les différents traités dont il a été parlé.

Le Gouvernement du Sénégal avait, d'ailleurs, pris à sa charge les frais d'instruction de son fils, le jeune Ibrahim Dinah Salifou, qui fit ses études au lycée d'Alger.

VI

Le fils de Dinah Salifou.

Ibrahim Dinah Salifou, fils du roi des Nalous, a-t-il le droit de demander au Gouvernement français une réparation? Il apparaît nettement que la question ne saurait être sérieusement discutée. Une solution peut être donnée par la seule application des principes et par l'examen de ce qui s'est passé dans des cas analogues.

Lorsque Dinah Salifou a été déporté des Rivières du Sud à Saint-Louis, il laissait des biens, des propriétés. Quelques-unes de celles-ci étaient louées par lui à des compagnies qui faisaient du trafic dans les Rivières du Sud. Ibrahim Dinah Salifou, héritier naturel de tous ces biens, en est dépouillé. Il a pu se procurer, auprès des compagnies locataires, l'état des locations qu'elles payaient chaque année à son père pendant qu'il régnait sur le pays des Nalous. Ces locations ont d'ailleurs continué à être payées après la déposition de Dinah Salifou. Ont-elles été encaissées par le Gouvernement de la Guinée? Il n'avait pourtant à aucun titre le droit de percevoir le montant de loyers qui étaient la propriété personnelle de Dinah Salifou puisqu'aucune décision n'avait été prise prononçant la confiscation de ses biens. Voici l'état des sommes que touchait annuellement Dinah Salifou :

ÉTAT DES LOCATIONS DE TERRAINS ET REDEVANCES CONSENTIES PAR LES NÉGOCIANTS ET SUJETS ÉTABLIS DANS LE RIO-NUNEZ, EN VERTU DES CONTRATS PASSÉS SOIT AVEC YOURA-TOWEL, SOIT AVEC SON SUCCESSEUR DINAH SALIFOU.

ANNUELLEMENT

Maison Blanchard de Marseille :

—	Gamierth	Fr. 4.500
—	Ropas.............	500
—	Cataco	750
—	Bathias...........	1.250
	Total à reporter	7.000

Report	7.000
Compagnie française de l'Afrique occidentale.	
— Bel-air	2.250
— Laporthiers........	250
— Bathias	1.250
Rendal et Fischer London Victoria	2.250
— Bathias	1,250
Betj Sierra Léon Cie Victoria............	3.000
Flers Exportation Gueme Saint Jean	2.250
Total....................	19.500

Dinah Salifou touchait en outre le dixième sur tout le roduit des cultivateurs étrangers et les Bagas lui versaient la même redevance. On peut compter que Dinah Salifou a été privé, par sa déportation, d'un revenu annuel de 20 à 25.000 francs. Il faut tenir compte aussi de la valeur même des propriétés dont il fut dépouillé du fait de son exil.

Il est certain, dans ces conditions, qu'Ibrahim Dinah Salifou, héritier de son père, aurait dû recueillir son patrimoine et dans ce patrimoine, les revenus et les propriétés elles-mêmes. Il est certain qu'il a le droit d'en réclamer la restitution et qu'il peut demander que les revenus dont son père a été frustré, que les loyers touchés par d'autres que par lui, qui, seul, avait le droit de les percevoir, lui soient remboursés.

Il est inutile de citer des exemples nombreux de ce qui s'est passé dans des cas comparables, non pas identiques, certes. Il suffit de rappeler que Behanzin, reçut pour lui et pour les siens, jusqu'à sa mort, une pension de 10.000 francs qui lui permit de vivre. Son fils Ouanilo continue à toucher une pension de 6.000 francs. Au budget de la Guinée française, figurent les frais d'entretien des chefs, détenus politiques. Au chapitre 6, article 2, du budget de 1908, est inscrite une somme de 400.000 francs représentant la part des chefs dans la perception de l'impôt. Des pensions sont inscrites dans le budget du Sénégal, dans celui du Dahomey. Le budget de cette colonie, au chapitre 5, *Indemnités diverses*, prévoit une indemnité de 30.000 francs au roi Tofa, en vertu de traités. Alfa-Yaya, ancien chef du Fouta-Djalon, détenu actuellement au Dahomey, est inscrit au budget de la Guinée de 1908, au chapitre 18, pour une pension de 25.000 francs. Le fils de Samory coûte 3.000 francs au budget du Haut Sénégal-Niger, pour ses frais d'internement.

Ibrahim Dinah Salifou voudrait pouvoir, s'il se trouvait en présence d'une décision quelconque libellée dans un acte quelconque, émanant d'une autorité française, en demander l'annulation en prouvant que son père était innocent des faits qui lui furent reprochés et qui motivèrent sa déposition. Il voudrait pouvoir réhabiliter un roi qui fut un ami de la France, qui fut un allié fidèle et qui, néanmoins, subit dans l'exil une peine imméritée, alors que son loyalisme ne pouvait en aucune manière être mis en discussion. Pourra-t-il arriver à ce résultat dans l'état actuel des circonstances et des faits?

Il veut néanmoins obtenir du Gouvernement les réparations matérielles auxquelles il a droit et qui seront pour lui le faible dédommagement du préjudice causé par les mesures dont son père fut victime.

Le Gouvernement de l'Afrique occidentale, saisi déjà de la question par différentes interventions, n'a pas manqué d'être frappé des raisons sur lesquelles se fonde la réclamation de Dinah Salifou. Dans une lettre du 23 novembre 1909, le Gouverneur Général de l'Afrique occidentale française, faisait savoir qu'il avait décidé d'accorder à Ibrahim Dinah Salifou un secours de 1.500 francs. Il ajoutait qu'il se proposait de lui faire avoir une concession rurale en Guinée sur le parcours de la voie ferrée, indiquant que, dès son retour à Dakar, il prendrait les mesures nécessaires à la régularisation de cette promesse.

Le mandat de paiement des 1.500 francs est entre les mains d'Ibrahim Dinah Salifou. Se conformant en ce point à l'avis de ses conseils, il ne l'a point touché, car il ne veut point apparaître comme bénéficiant d'une aumône; et pourtant sa situation est très difficile, il est sans aucunes ressources à Paris, et il ne peut vivre que grâce aux concours bienveillants qu'il a rencontrés. Il veut tout simplement poursuivre la réparation qui lui est due. Le bien-fondé de ses réclamations est implicitement admis par la décision du Gouvernement général de l'Afrique occidentale française. Il espère que leur légitimité sera promptement et complètement proclamée.

VII

Conclusion.

Il résulte clairement de l'examen de tous les documents relatifs à la dépossession et à l'envoi en exil de Dinah Salifou, que celui-ci n'a été à aucun moment un ennemi de la France, que jamais il n'a lutté contre notre influence et n'a porté les armes contre nous. L'acte qui l'a frappé apparaît comme injustifiable et constitue une injustice flagrante puisqu'il a atteint un homme qui avait, au contraire, exécuté avec la plus grande fidélité les engagements pris envers notre pays. Les traités qu'il avait signés, n'ont jamais été violés par lui.

Il s'était engagé à faire la guerre le jour où il en serait requis : il a encore sur ce point fait ce qu'il avait promis, et il n'a été exilé que parce qu'il avait été vaincu.

On se demande ce que sont devenus ses biens, meubles et immeubles, puisqu'aucune décision n'en a prononcé la confiscation. Il est certain que son fils se trouve privé du patrimoine dont il aurait dû être mis régulièrement en possession.

Voici comment peut se chiffrer la réclamation qu'il adresse aux Pouvoirs Publics :

1° De 1890 à aujourd'hui, son père ou lui aurait touché 20 annuités de ces locations de terrain dont le détail a déjà été donné. A 19.500 francs par an, cela fait une somme de. . . . . 390.000 fr.

2° Les terres qui étaient ainsi louées représentaient une valeur dont le revenu peut permettre d'établir la capitalisation. En la calculant seulement au taux de 5 p. 100, cela représente une somme en capital de. . . . . 390.000 fr.

3° Le gouvernement de la Guinée n'a payé à Dinah Salifou, à partir de 1892 jusqu'à sa mort, que 1.200 francs sur les 5.000 fr. qui devaient lui être versés annuellement. Il a ainsi été privé annuellement, sans droit, pendant cinq années, de 3.800 francs, soit en cinq ans de 19.000 fr.

Total. . . . . 799.000 fr.

En justice absolue, Ibrahim Dinah Salifou pourrait réclamer la restitution de tout le pays sur lequel il était appelé normalement à régner. Si la France ne croit pas devoir lui restituer son royaume parce qu'aujourd'hui les

Rivières du Sud sont devenues une colonie française, il a le droit d'être indemnisé du préjudice matériel que lui a fait subir l'exil de son père.

Il y a lieu d'espérer que le sentiment de la justice et de l'équité déterminera le Gouvernement à réparer pour partie, tardivement il est vrai, en ce qui concerne Ibrahim Dinah Salifou, les conséquences des mesures dont son père et lui ont été les innocentes victimes.

TABLE DES MATIÈRES

PUBLICATIONS DU COMITÉ

Spoliation des indigènes de la Nouvelle-Calédonie. Paris, 1901
Prix. . . . . **0 fr. 2**

La situation des indigènes aux Comores. Paris, 1904
Prix. . . . . **0 fr. 5**

Les illégalités et les crimes du Congo. *Meeting de protestation.* (31 octobre 1905). Paris, 1905, Prix. . . . . . . **0 fr. 5**

Abus financiers dans les Colonies. Paris, 1907, Prix. **0 fr. 5**

www.ingramcontent.com/pod-product-compliance
Lightning Source LLC
LaVergne TN
LVHW020255230826
846091LV00006B/2416

* 9 7 8 2 0 1 3 4 2 3 2 3 6 *